되는 대로 살기로 했어

되는 대로 살기로 했어

알렉스의 인생노트

송춘호 글·그림

고두미

책머리에

"우물쭈물하다 이럴 줄 알았지."
— 조지 버나드 쇼

이 유쾌하고 짠한 비문을 한번쯤 들어봤을 것 같다. 나는 이 말을 되뇌며 하루를 시작하는 날이 많다. 오늘은 어떤 일을 할까, 오늘은 무슨 일이 생기려나 생각하면 아침부터 한껏 설레며 몸이 깨어나는 느낌이 든다.

새로운 생각을 하고 새로운 것을 만들어 낸다는 건 얼마나 즐거운 일인가. 늘 이런 생각을 갖고 사느라고 실패도 많이 하고 그만큼 이런 저런 경험도 많이 쌓았다.

기존의 것들을 지키고 가꾸며 사는 것도 물론 의미 있는 삶이지만 나는 새로운 생각을 하고 이것들을 실행하는 삶이 즐겁다. 하지 않고 후회하기보다 해보고 후회하는 쪽을 좋아한다.

나의 그림들은 그런 생각과 행동과 오류의 흔적이다. 이 드로잉 에세이를 읽는 독자들에게 작은 미소와 끄덕임이 함께하길 바라며, 삶의 행복을 찾는 새로운 여정을 시작하길 바란다. 항상 지금이 가장 좋은 때라는 말처럼 멋진 말도 없지 않은가.

2019년 2월
Alex 송춘호

1
그것들이 전하는 말

책 많이 읽으면

돈 생겨요.

Reading is money

내 맘 흔들지 마.
터지면 감당 안 돼.

내 맘 식기 전에

얼른 잡아.

나도 한때는 탱탱했는데…

니가 내 품에 안길 때
나는 제일 행복해.

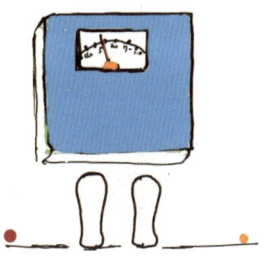

니 앞에만 서면
난 늘 새로운 결심을 하지.

핸드폰 문자 때문에 손편지를 안 쓰니

우체통이 다 까이는구나.

나랑 결혼하자.
무슨 일이 있어도
입에 풀칠은 해줄게.

니가 없었으면

난 아침마다 맨밥을 먹었겠지.

order machine...

나이 들면
주문하는 방법을 몰라
밥도 못 먹겠네.

핸드폰이 지구를 침공해서
인류를 노예로 만들었다.

내 월급은 늘

빚을 이기지 못하는구나!

잘해 너!

내가 니 비밀 다 가지고 있어.

사는(living) 재미가 없으면
사는(buying)로 재미로 살아.

공짜 치즈는 쥐덫에만 있다.

내 맘 열었다 닫았다 하지 마.
김새면 끝이야.

둘 다
뚜껑 열리면 한 성질 하는데
잘 살라나?

나이 들면서
매일 아침 먹어야 하는 것들

택배와 갈비의 공통점,

뜯는 맛!

하루 세 번씩 입맞춤해주던 때도 있었는데

세월 지나 몸 망가지니

운동화한테 가라네.

너 만나서

얼굴에 트러블 생겼어.

언제 실컷 마셔보나

부모님 연세가 팔순이 넘어가니

새벽에 오는 전화가

제일 무섭다.

너도 이제

생존을 위한 필수품이 됐구나.

저기여…

늘 옆에 있어도
대화는 한 번도 못 했네요.

오늘 아침은

당신과 함께 라면

끓여서...

오늘도

핸드폰에 빠져 노느라

나올 생각을 안 하네.

#모닝커피 #핸드드립

안녕~^^
난 예가체프야.
응. 난 케냐!
커피 한잔 하자.

맘 바꿨다고

번호키까지 바꾸냐?

너 나 없으면 개털이야.

앞으론
심심하다고 우리 찾지 말아요.
바빠요.

처음엔 아껴주고 늘 가슴속에 품고 다니더니
자기가 감정조절 못 하고 흥청망청하다가
쪼들리니까 내 탓을 하는구나.

아침마다 만져주면 날씬해지는 애들처럼

내 배도 만지면 날씬해졌으면…

대가리라고 하지 마세요.

듣는 머리 기분 나빠요.

그냥 하던 대로…

책만 보면

두 쪽만 읽고

덮고 자는 너…

요즘 훈련소
조교들은
서비스업 종사자들 같다.

육군 훈련소에서…

산에서 내 몸에 손대지 마.

나 뜨거워지면

뒷감당도 못 할 거면서.

안 읽어도 좋으니까

제발

뜨거운 냄비로 고문 좀 하지 말아주세요.

너는 참 좋겠다
젊고 탱탱할때는
인정도 못 받다가

자외선 받고 나이 들며
피부가 쭈글쭈글해지고
물렁해지니
인기가 상승하네…

곶감의 반전

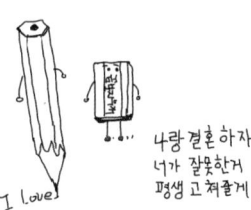

천생연분

아침친구들

안녕!
난 당뇨야.
난 혈압.
너는?
난 고지혈이라고 해
다들 반갑다.

나의 절친들

— 샌드위치

오늘 아침
널 위해 뭉치기로 했어.

The box made out of plastic and glass.

대다수 사람들이

감옥에 갇혀 있는 현실

출소는 할 수 있을까?

블랙박스
사고만 위해
있는 거 아닙니다
차 안의 사고도
적힙니다
조심하세요

핸드폰에 비친 내 모습

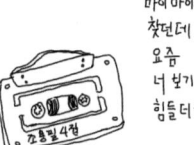
마이 마이가
찾던데…
요즘
너 넣기
힘들더라

지나간 것들, 다시 오지 않는 것들…

나 속타는 줄도 모르고
앞에 여자만 바라보고 있네.

BMW stands for buring Man & Woman..

오늘 아침 뉴스에서 본 영상을 그리다.

미세먼지의 습격

눈이 침침해 책 보기가 힘들다.
노안이란다.

손끝이 떨려 그림 그리기가 힘들다.
수전증이란다.

서럽다.
세월이 가면 당연한 현상인데
그래도 서럽다.

세상 모든 일이 맘먹기 나름인데
세월만은 어쩔 수가 없구나!

너랑 나랑
결혼하면
평생 밥 굶을 일은
없겠다.

천생연분 # 맛집

2
일상이라는 중독

핸드폰,
언어 단절 기구

아프니까 청춘이라고?
난 늙으니까 아프다.

사색은 없고
검색만 있는
청춘

핸드폰 —

교통사고 유발자

오늘도

욕망으로부터 자유,

지식으로부터 자유,

돈으로부터 자유로운 삶을 살아요

현대인들이 불행한 것은

모자라서가 아니라

너무 많아 넘치기 때문이다.

멋진 노을처럼

우리의 노년도

멋지게!

오늘도
출근할 곳이 있어
감사합니다.

예술의 근원은

배고픔과 외로움이다.

50대가 되면
색소폰을 불어보세요.
젊은이들이
친구먹자고 하니까.

처먹지를 말든지

섞어 먹지를 말든지

끊는다고 말이나 말든지

돈 쓰고 속 버리고

마누라한테 욕먹고

친구를 끊든지 술을 끊든지

이젠 정말 결정해야겠다.

그림 하나로

가족을 부양하기

참 힘들구나!

카페에서 거리를 내다보니

모두 시커멓고 긴 옷들을 입었더라.

롱~~ 패딩이란다.

따라 하는 사람보다

선도하는 사람이

나는 좋더라.

천리안, 하이텔, 나우누리…
XT, AT 컴퓨터를 아시나요?

이런 거 알면 당신은 7080

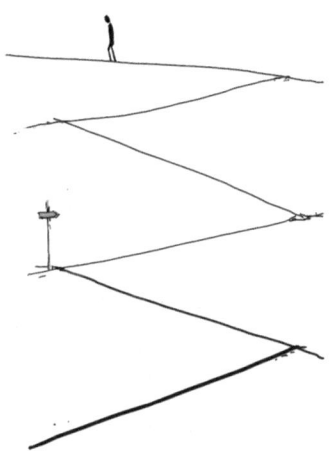

걷다 보면,

계속 걷다 보면

도착하겠지.

'산 입에 거미줄 치겠냐'라는 말이 있다.

예술 한답시고
그림 그리고 글만 쓰다가는
정말 산 입에 거미줄 치겠다.

오늘도 나는

그녀가 좋아하는 스킨을 잔뜩 처바르고 나간다.

스마트폰이 없애버린

대표적인 것

손편지

모든 불행의 근원은
욕심에서 나온다.

매일 아침 나는
나와 가장 많은 시간을 보내는 사람을 만나기 위해
거울 앞에 선다.
그 사람은 내 일이다.

그런데도 그 일이 싫다면 당장 그만두어라.

술 먹고 카톡 하지 마세요.
다음날 이별 통보 받습니다.

내 인생의 가을이 왔나 보다.

나뭇잎이 단풍 들고 낙엽 되어 땅에 떨어지듯이

내 머리카락도 희어지고

매일같이 욕조에 떨어지는구나.

요즘 매일 입에 달고 사는 한마디

"아, 추워!"

다이어트

금주

금연

세상에서 제일 지키기 힘든 약속

중독!

오늘 같은 날 생각나는 노래

"버블시스터즈 It's raining man."

현대인의 아침

배는 고픈데
왜 항상 배가 불러 있지?

병인가?

돈 있다고

갑질 하는 것들은

지구 밖으로!

너와 커피의 공통점은

중독된다는 거…

앞태가

정말 궁금하다.

비 오는 날 하고 싶은 거…

미세먼지, 황사
싹다 중국으로 날려버릴
선풍기 하나 있었으면…

줄 때 받아.
안 받으면
너만 손해야.

자고 일어났더니

또

출근이라네.ㅠㅠ

오늘도 난
어설픈 지식을 가방에 넣고
거짓을 팔러 나간다.

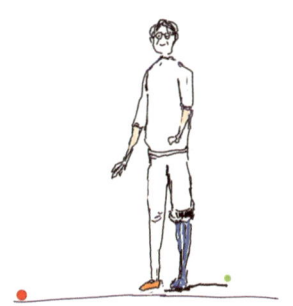

임플란트, 인공관절, 심장스텐스…

나이가 들수록
인조인간이 돼 가는구나.
이러다 로보트 되겠다.

2018년 7월 17일

지구가 화염에 휩싸였다.

곧 다 타 죽을 것만 같다.

어제는

도저히 더위를 못 참고

이슬이 뒤에 숨었다.

2018년 7월 18일,
진짜 열받네.
한판 뜨자!

요즘 되는 일도 없고…
용하다는데,
가 볼까? 말까?

나도 시지프스의 형벌을 받고 있는 걸까?

네가 내 손을 잡자

다시 빛나기 시작했어.

이제 내가

널 환하게 비춰줄게.

2018년 8월 7일

드디어 타이어가 녹았다.

"동무들, 나가서 딴스 한번 추고 오시라요."

영화 「공작」 중 가장 빵 터진 장면

오늘 마침내 에어컨을 안 켰다.
무더위도 한방에 훅 가는구나.
한방에 훅 가는 인생처럼…

참 어이없다.
나 없으면 죽는다고 하더니
나 없이도 잘 사는 너.

배 타고 떠나고 싶다.

오늘은 비행기 타고 싶다.

누가 이기나

끝까지 가보자!

내친 김에 상어까지…

다들 잘 가~

내년엔 자주 안 봤으면 좋겠어.

남편이랑은 할 말이 참 없나 보다.

위 아래가

소통이 안 되는구나.

예술은 배고파야 된다고 해서 며칠 굶었더니
하늘이 노래져서 응급실에 실려 가고

외로워야 글이 된다고 해서 헤어지자고 했더니
싸다구만 세 대 맞고 끝나고

예술가는 가난해야 된다고 해서
술로 다 조졌더니 노숙자 되고

아, 예술 한답시고 살다가
내 인생만 조졌구나!

신호대기 중
핸드폰 하지 마세요.
뒤차가 빵!

쓸쓸하다 못해 스산한 단칸방에
찬바람만 찾아와 나를 반긴다.

나의 어리석음을, 나의 무지함을
소처럼 되새김질하며
오늘도 나는 사그라지고 있다.

앞문으로 가난이 들어오자
뒷문으로 사랑이 나가네요.

너는 첫 월급 같아.
너무 설레고 기다려져.

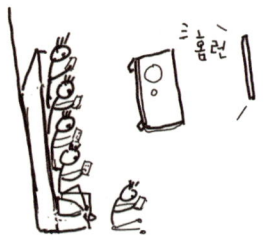

우리집 추석 풍경

술 마시는 시간하고 양은 확 줄었는데
술 깨는 시간은 너무 오래 걸리는구나

요즘은 농산물도 영양제, 항생제로 키운다는데.
어쩐지 때깔도 좋고 맛도 좋더라.
나도 링거나 맞아야겠다.

경험담 —

졸리면 핸펀 놓고 자라.

얼굴에 멍들지 말고.

그림 그리고 있을 땐 아무 생각 없이 행복한데
붓만 내려놓으면 먹고살 걱정이네.
아, 지긋지긋하다.

할 수만 있다면
시간을 꽁꽁 묶어
가지 못하게 하고 싶다.

오래간만에 가족 외식.
"뭘 먹고 싶니?"
늘 그렇듯이, 엄마는 우리에게 물으신다. 애들 먹고 싶은 걸로 하자고…
우리는 파스타나 피자를 먹자고 한다.
그럼 아빠는 엄마한테 또 묻는다.
"당신은 먹고 싶은 거 없어?"
엄마는 삼겹살이 땡긴다고 하신다. 뭔가 불길하다.
역시, 기다렸다는 듯이 아빠는
"짬뽕이 낫잖아?" 하며 짬뽕 맛집 검색해보라고 하신다.
처음부터 묻지나 말든지!

술 먹고 운전하면

징역 150년입니다.

해양 오염이 정말 심각하구나.
바다를 살리자!

도돌이표 인생

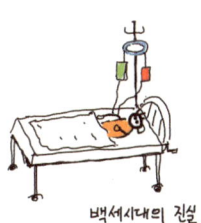

백세시대의 진설

이렇게 누워서

백 살까지 살면 뭐하노?

내일은 꼭 사표를 써야지, 굳게 맘먹고
동료·선후배들과 쏘주를 들이켠다.
잔을 돌리며 이런 저런 얘기하다 보니
사는 게 다 거기서 거기더라.

◯ : "저랑 사귀실래요"
◯ : "일대일 대화해요"

이런 메시지가 매일 온다.
받는 즉시 차단한다.
다음날 또 온다.
마치 좀비 같다.
메시지 보내는 사람들,
차단 말고 처단하고 싶다.

어릴 적엔

엄마가 참 커보였는데…

과장님 책상 위에 있는 것들

1. 노니   2. 오메가3   3. 비타민C

4. 고지혈증   5. 아로니아

6. 양배추즙

7. 유산균

네가
떠난 뒤
핸드폰만 바라보는
이상한 습관이
생겼어...

중독…

쓸데없는 다짐

1. 다시는 술 안 마셔
2. 내년엔 꼭 살 빼야지

블로그에 낚여서

나도 줄 서봤는데

그닥…

진짜 힘들다!

멋있게 보일라고 사표 썼더니

남는 건 시간이고

없는 건 돈이네.

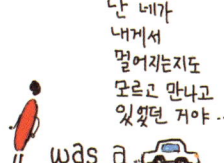

오른다는 것…

드디어 오늘
12년 동안의 형기를 마치고
만기 출소하는구나.

누가 내 빚더미 좀 퍼갔으면 좋으련만!

벗어나고 싶다!

샤워기 바꿨습니다.
건강 땜에 술은 못 마시겠고
느낌이라도 즐기고 싶어서.

아!
남의 말에
귀 기울이며 살기엔
세월이 너무 빠르구나

주위 사람들 말에
신경 쓰지 말고
내 갈 길 가자

세월…

몸에 안 좋은 건

왜 이리 맛있는지…

하지 말라는 건

왜 이리 잼나는지…

달 위에
걸터앉아
지구를 낚고 싶다.

한여름 밤의 꿈

"전화했으면 말을 해!"
헐~ 또
핸폰 뒷주머니에 넣고 앉았군.

수능 성적표 받던 날

수험생들은

나라를 잃은 것처럼

슬퍼하고 탄식하더라.

뱅크시 '풍선과 소녀' 모작

소더비 경매에서 15억 원에 낙찰됐다는데
이 그림은 15만원이라도 했으면…

아!

십 년째 슬럼프다.

평생 삼재三災 인생 같다.

내가 너한테 뭘 그렇게 잘못했니?
기쁠 때나 슬플 때나 우울할 때
늘 달려가 돈도 주고 입술도 주었는데
너는 늘 나한테 구토와 두통만 주는구나.
이제 다시는 널 찾지 않겠어!

내가 당신한테 돈을 요구했나요, 입술을 요구했나요.

다소곳이 냉장고에 들어앉은 나를

내 허락도 안 받고 데려가서는

이 사람 저 사람 손타게 하고

왜 나한테 짜증내시나요?

매일 책 읽고

그림 그리고

글 쓰며 살고 싶다.

그럼 돈은 누가 벌지?

글도 그림도
놀이 삼아 하면 즐거운데
돈 벌려고 하면 고통이네.

둘이 또 하나.

오늘도

함께 가자

난 오늘
월급과 헤어지고 자유와 결혼했다.

공부…
열심히 해야 돈 번다.

올해부터
나도
월급통장 보고 싶다.

새해 소원…

새해가 되면 30년째 하는 약속

담배 끊자, 술 끊자, 살 빼자…

올해도 또 다짐해 본다.

#돼지해 #일출 #다짐 #돈벌자
#글쓰기 #일러스트 #제주도

2019, 일출

모든 일이

술술 잘 풀렸으면 좋겠다.

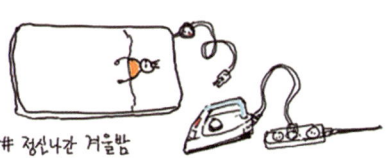

\# 정신나간 겨울밤

전기장판 꽂고 잔다는 게
전기다리미를 꽂고 잤네.
어쩐지 춥더라.

그녀와 손잡고 걷는데
가슴은 안 떨리고
배만 떨리는구나.

축구는 잠깐 방심하면 골 먹고
사랑은 잠깐 방심하면 까인다.

너의 소식이 올 때면
내 몸과 가슴이 마구 떨려.

에구~

오늘은 태양도 나도 폐병 걸리겠다.

한낮인데 해도 잘 안 보이네.

슬픈 유산

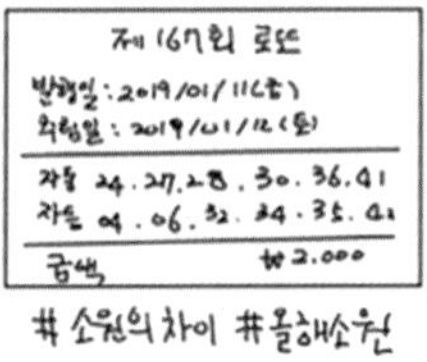

```
제 167회 로또
발행일 : 2019/01/11(금)
추첨일 : 2019/01/12(토)
자동  24. 27. 28. 30. 36. 41
자동  04. 06. 32. 34. 35. 41
금액           ₩2,000
```
소원의 차이 # 올해소원

우리의 소원은 통일

나의 소원은 로또 1등

"저… 미안한 얘긴데…"
"그럼 하지 마!"

"자갸, 듣고 화 내지 마."

"그 말부터 화가 나!"

사람들은 왜
채우고 가지려고만 할까?
비우고 버리면 편한 것을.

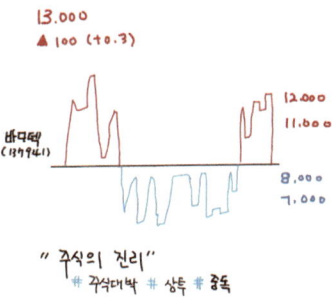

"주식의 진리"
 # 주식대박 # 상투 # 중독

내가 사면 떨어지고

내가 팔면 오른다.

3

썸을 타는 순간

사랑보다

자유를 얻고 싶어요.

오늘은 또
모 할 거야?

......

니 생각… ♡

일상이 무료하고 재미 없어?

사랑을 해봐!

고통이든 행복이든

무료하진 않아.

요즘 가장 많이 듣는 말

"자긴 내가 머가 좋아?"

사랑하는 것보다

그리워하는 게 더 힘들구나!

진짜 좋아서 그럴까?
프랑스 파리라서 그럴까?

사랑하다 헤어진 후
치료약은 없다.

사랑으로 받은 상처는
사랑으로 치유해야 한다.

우리 사랑도

소금에 절일까?

왜?

상하지 않고

오래가게.

나 이제 그만 접을래.
너랑 너무 안 맞아.

내가 뭐가 좋아?

……

늘
새롭잖아!

When we love each other...

늘 맘속으로 생각만 하던 당신

이제

생각 밖으로 내보내려고 합니다.

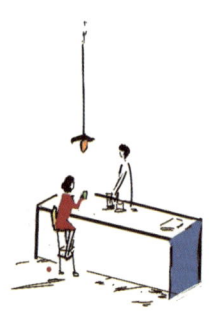

혼자라서 좋은 것들

아침에 안부 문자 안 해서 좋고
때 맞춰 이벤트 안 해서 좋고
주말에 편히 쉴 수 있어 좋고
저녁에 맘대로 술 마셔 좋고
간섭받지 않아서 좋고…

그래도 난

사랑하는 사람이 있어서
이런 것들 다 해보고 싶다.

누가 그랬다.

결혼은 타이밍이라고!

너의 주말은?

......

니 꺼지^^

어디 가?

그녀 만나러!

누구야?

나를 설레게 하는 사람

종일 커피숍에서 뭐 해?

......

너 기다려.

친구가 물었다.
그런 여자를 왜 만나니?

너한텐 그런 여자일지 몰라도
나한텐 전부야.

그 사람 있을 때 잘해.
떠나보내고 매일 질질 짜면서
술 먹자고 귀찮게 하지 말고.

"나 너 많이 좋아해."
라고 말하는 건

"너도 나만큼 많이 좋아해줘."
라는 말로 들린다.

달콤한 거짓말 —

"난 너랑 있을 때가 제일 좋아."

"자기야, 비가 오면

내가 당신의 우산이 되어 줄게."

……

선수네~^^

더 많이 사랑하는 사람이

약자일까?

아니다.

강하니까 더 많이 사랑하고

베푸는 거다.

커피 생각 날 때마다
그 사람을 생각해.

그럼
헤어지는 일 없을 거야.

때 되면 내리는 눈인데
어디서, 누구랑 보느냐에 따라
느낌이 완전 다르네.

기다림이 길어지면

그리움이 되고

그리움이 길어지면

열 받음이 되지요.

나는

사랑을 믿지 않아.

사람을 믿지.

눈 온다.

근데 왜 니 생각이 나지?

......

나갈까?

사랑 후에 오는 것들—

고독, 외로움, 그리움, 그리고…
자유!

모든 사랑을
소유할 수는 없습니다.

소유할 수 없는 사랑은
맘속에
간직하세요.

실연당했다고
슬퍼하지 마세요.

이제 당신은
시인이 될 자격을 얻은 겁니다.

오늘도
당신은
선물입니다.

비
⋮

기
다
림
⋮

사랑의 끝은
결혼이 아니라

믿음이다.

지겹도록 반복되는

일상의 고문 속에서

탈출하는 방법

일탈!

Love is not one way ...

사랑은

일방통행이 아닙니다.

"Love is not one way."

먼저 다가가세요.

나는

타고 남은 숯입니다.

불만 붙여 주세요.

You are like a flower...

당신은 늘
들에 핀 꽃 같은
사람입니다.

해마다 봄이면 벚꽃은

늘 같은 장소에서

같은 꽃을 피우는데

해마다 같이 가는 사람도

안 바뀌었으면 좋겠다.

먼 길을 돌아

그날

그녀가

내 품으로 들어왔습니다.

내가 당신을 떠난 이유는
당신을 사랑하지 않아서가 아니라

내 삶이 온통
당신으로 채워질까
두려워서입니다.

거울 앞에 있는 너

예쁘다!

새로 시작하는 일은
언제나 설레고 신났다.
그러나
시간이 지나고 익숙해질수록
재미도 줄고 무감각해지는 것 같다.

사랑도 똑같은 것이다.

아침에 부시시 일어나

반쯤 감긴 눈으로 너의 문자를 보면

입가에 미소가 절로 지어진다.

행복이 머, 별거 있나.

헤어진 후에 —

있을 땐 몰랐는데
헤어지고 나니 알겠네.
너의 소중함…

썸탈 때 조심해.
떨어지면 끝이야.

다른 건

깨져도 다 붙여 쓸 수 있는데

이건

한번 깨지면 못 붙여.

떠나가는 이는
다 이유가 있습니다.
그 빈 공간을 채우는 건
당신의 몫입니다.

가끔 혼자일 때,

나도 모르게

눈물이 주르륵 흐를 때

너와의 헤어짐이 현실로 다가온다.

시간은

필요한 이에게 늘 부족하죠.

그러나

사랑은 영원하죠.

나에게 잘해 주는 사람도 좋지만

나와 잘 맞는 사람이

더 좋다.

나랑 결혼하자.

내가 늘

포근히 감싸고 덮어줄게.

 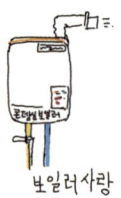

장작불 사랑　　　보일러 사랑

처음 사랑할 땐
장작불처럼 활활 타오르더니
시간이 갈수록 내 사랑도
온도만 맞춰 놓으면 되는
보일러 같은 사랑으로 변하는구나!

하루에 열 번, 백 번, 천 번을 물어봐도
내 대답은 똑같애.

"니가 젤 이뻐!"

양은냄비 같은 사랑은
금방 식어 날아갑니다.

다른 건 다 재활용이 되는데
한번 버려진 사랑은
재활용이 안 되는구나!

그리움

그리고

외로움

지나친 관심 —

나는 정성이었는데
네겐 부담이었구나.

해 본 지가 너무 오래,
우울한 그녀를 위해
태양을 따기로 했다.

웃어요.
날씨도 꿀꿀한데…

그대가 있어야 봄

New face —

사랑은 움직이는 거래요.

첫 데이트,
비 오는 날 거리에서

우리 이번 달 결혼해요.^^

우리 둘이 결혼하면
애들은 다 폭탄만 나오겠다.

열씨미 살자

누구냐고?

내가 사고쳐도 늘 내 곁에 있어주는 사람.

오늘도
나의 작은 글들이
당신에게 위로가 됐으면
좋겠습니다.

되는 대로 살기로 했어

2019년 3월 30일 초판 1쇄 발행

지은이	송춘호
펴낸이	유정환
펴낸곳	도서출판 고두미
	등록 2001년 5월 22일(제2001-000011호)
	충북 청주시 상당구 꽃산서로8번길 90
	Tel. 043-257-2224 / Fax. 070-7016-0823
	E-mail. godumi@naver.com

ⓒ송춘호, 2019
ISBN 979-11-86060-74-2 03650

이 도서의 국립중앙도서관 출판예정도서목록(CIP)은
서지정보유통지원시스템 홈페이지(http://seoji.nl.go.kr)와
국가자료공동목록시스템(http://www.nl.go.kr/kolisnet)에서 이용하실 수 있습니다.
(CIP제어번호: CIP2019010568)

※ 지은이와 협약에 따라 인지를 붙이지 않습니다.
※ 잘못 된 책은 구입한 곳에서 바꾸어 드립니다.
※ 책값은 뒤표지에 표시하였습니다.